# Convirtiendo la incomodidad en seguridad y confianza

## Aprenda a manejar su forma de expresarse para así ser más seguro de si mismo y convertirse en la persona que anhela

Alessandro Silva

# Índice

# Introducción

Inevitablemente, todos hemos sido un poco raros alguna vez, y a veces eso nos impide conectar con otras personas, o hasta confiar en nosotros mismos. Pero no tienes por qué quedarte estancado ahí, porque si aprendes a manejarte, puedes convertir esos momentos incómodos y hasta una forma de ser un poco extraña, en **confianza**. Y eso es exactamente lo que veremos en este libro, más específicamente en los siguientes 4 capítulos, aprenderemos a "soltarnos" poco a poco en hablar con personas con total **naturalidad, confianza y alegría**. Como todo, hay un proceso, el cual, en un principio, puede parecer tedioso o hasta que estemos fingiendo ser alguien que no somos, sin embargo, es parte del camino. No solo para tener más confianza al hablar y sentirnos seguros de nosotros mismos, también para crecer como persona. ¿Por qué? Porque esto nos permitirá mejorar nuestra **autoestima**, es decir, la seguridad y percepción que nos tenemos como persona. Asimismo, la percepción que tiene la gente más cercana a ti (amigos, familiares, compañeros, etc.) de ti, si aprendes a modificar tu lenguaje corporal.

**En estos 4 capítulos veremos lo siguiente:**

**Capítulo 1: Mejora tu contacto visual.**
Uno puede transmitir que está tranquilo y **cómodo** mientras habla porque usa la regla de los 3 segundos para el contacto visual, y se emplea este tiempo para mirar a la persona a los ojos y mantener su interés en la conversación. Sin que ninguno de los dos se sienta presionado.

**Capítulo 2: Aprende a recibir bromas sin malas intenciones.**
Burlas generalmente entre amigos, las cuales no necesariamente las hacen con malicia. Pero si no sabes como manejar esas situaciones, puede que te conviertas en un blanco fácil para cualquier broma que se les ocurra. Y si las aprendes a manejarlas, podrás transmitir **confianza** y transformarte en el **líder** del grupo.

**Capítulo 3: Cuenta tus propias anécdotas vergonzosas.**

Es muy probable que las personas sepan anécdotas muy vergonzosas sobre ti, así que, en vez de hacer que gente cuente cosas sobre ti, lo mejor es que lo hagas tú, ya que cuando eso ocurre, transmites una confianza **indestructible**.

**Capítulo 4: No intentes manipular la opinión que las personas tienen sobre ti.**

El 99% de las situaciones incomodas en las que te encontrarás en tu vida serán peores cuando intentes que otras personas te vean de la forma que tú quieres. Si dejas de intentar controlar la opinión de las otras personas, la mayor parte de la incomodidad, **desaparece**.

# Capítulo 1: Mejora tu contacto visual

Como bien mencionamos, uno puede transmitir que está tranquilo y **cómodo** mientras habla porque usa la regla de los 3 segundos para el contacto visual, y se emplea este tiempo para mirar a los ojos de la persona y mantener su interés en la conversación, para que este fluya con total normalidad. Sin que ninguno de los dos se sienta presionado. Pero, ¿cómo funciona esta regla de los 3 segundos? A lo que me refiero es que en vez de mirar hacia abajo o mirar hacia otro lado o mirar a una sola persona por mucho tiempo (en caso que estés en un grupo de personas), debes establecer contacto visual con todas las personas del grupo por al menos tres segundos antes de cambiar de persona. Lógicamente, no es una duración exacta en el que cuentas, uno, dos y tres. Y pasas a mirar a la otra persona como si fueras una acción automatizada o un robot. Pero es un número aproximado y en general que logra que una persona se sienta incluida en una conversación. En el caso de que estés escuchando a alguien, sí puedes sostener la mirada por más tiempo, no hay ningún problema, pero la regla de los tres segundos es una forma muy fácil de captar la atención de una persona, aún si estás nervioso mientras hablas.

Para profundizar un poco más y como punto de referencia, considera que una mirada dominante significa mirar a la otra persona directamente a los ojos por un periodo mayor a diez o quince segundos mientras le hablas sobre cierto tema. Ya sea que lo hagas en una conversación de negocios o en una charla informal, esta mirada dominante hará que tu interlocutor se sienta incómodo. En lugar de mirarle constantemente a los ojos, aplica la regla de los tres segundos para lograr que el interlocutor mantenga el interés en la conversación y ambos se sientan cómodos al comunicarse. En general, el tiempo durante el cual miramos a nuestro interlocutor dice mucho acerca de nuestro grado de sinceridad. Y si aplicamos esta técnica, inconscientemente, el interlocutor se sentirá seguro y confiado de seguir charlando o hasta contarte cosas más personales cada vez. Y, por ende, una mejor relación amistosa.

**Presta atención a tu mirada**. ¿Tienes una mirada de águila o una mirada evasiva? ¿Sueles bajar los ojos o desviar tu mirada cuando hablas con otras personas? Si sufres de cualquiera de estos males, reemplaza tu mirada dominante o evasiva por un contacto visual que involucre a la otra persona en la conversación. Para esto puedes pedirle a alguien que te conozca a fondo, que te diga cómo ve tu contacto visual con los demás en una conversación informal; pregúntale si eres de los que intimidan a las otras personas con su mirada o, por el contrario, las invitas a establecer y mantener un buen nivel de comunicación. En cualquiera de los dos casos, profundiza un poco más sobre lo que puedes mejorar o cambiar. Cuando estés escuchando a otra persona, evita distraerte y mantén siempre **contacto visual**. Recuerda que cuando tu mirada está en otro lado, tu mente está ausente. Si evitas mirar a la otra persona, su cerebro seguramente concluirá que algo debes estar ocultando y que no es prudente confiar un 100% en lo que estás diciendo.

No mires al piso, no mires hacia arriba o hacia los lados. ¡Mira a la persona, **especialmente sus ojos**! Y nunca cometas el peor de los insultos que es mirar por encima del hombro de la otra persona. Porque una cosa es mirar arriba, abajo o a los lados, pero mirar sobre el hombro es, literalmente, decirle a la persona: "quítese del frente que me está estorbando la visión." Así que la próxima vez que estés sentado en un restaurante y tu pareja, amigo, compañero de trabajo o familiar se encuentre frente a ti, hablando, y tú estés mirando sobre su hombro, eso es exactamente lo que estás diciendo. Y nadie quiere eso, ¿verdad?

Aprende a mantener tu mirada en tu interlocutor. No voltees a mirar o a seguir cualquier distracción que se presente a tu alrededor. Escucha con interés y **empatía** y, sobre todo, escucha tanto con tus ojos como con tus oídos. A eso se le llama **"escucha activa"**. Hacerle notar a la otra persona con la que nos comunicamos, que realmente le estamos escuchando y comprendiendo. Cuando escuchamos de manera activa a alguien, lo hacemos de manera consciente, es decir, hacemos un esfuerzo por centrar toda nuestra atención en aquello que nos está comunicando la otra persona, y no sólo eso, sino que también prestamos la atención suficiente para conocer realmente cómo se siente en cuanto a la conversación en cuestión. ¿Cómo podemos poner esto en práctica? Normalmente, no estamos acostumbrados a escuchar activamente a otros y pensamos que solo por el hecho de estar presente cuando alguien nos está comunicando algo y cuando oímos lo que nos dice, estamos escuchándolo(a) como se debería y esto no es así.

Sin embargo, hay 6 formas en que podremos mejorar nuestra escucha activa, y así volvernos una persona más empática cuando alguien nos está comunicando algo.

## 1. No juzgues

Cada vez que alguien te esté diciendo algo escúchalo únicamente con atención y evita juzgarlo. Recuerda que esta persona te está hablando acerca de lo que siente o de la manera en la que percibe las cosas, y esta, no necesariamente, tiene que ver con la manera en la que tu lo haces.

**Ejemplo:** Un amigo(a) te está contando acerca de su miedo a acercarse a la persona que le gusta ya que para el(ella) es muy difícil entablar conversación con esa persona y comenzar a conocerla. Así que, en este caso, lo último que debes de hacer es comenzar a juzgarlo y pensar o decirle cosas como "que tonto eres", "¿cómo puede darte miedo hablarle a alguien?", etc. Mejor trata de entrar en su mundo y comprenderle ya que todos somos diferentes y lo que para algunos es muy fácil, para otros puede ser todo lo contrario.

## 2. Evita dar consejos

En la gran mayoría de los casos, cuando una persona nos está contando algo que le ocurrió, lo hace únicamente para desahogarse, y porque le gusta sentir que alguien está ahí presente para escucharla. Por lo que si la persona no te lo pide, evita comenzar a darle consejos, los cuales seguramente estarán basados a partir de tu experiencia y no de la de la otra persona.

**Ejemplo:** Cuando un amigo(a) nos está contando lo triste que está por haber terminado su relación de pareja y comienza a llorar y a desahogarse, por lo que muchas veces tendemos a comenzar a darle consejos o a decirle cosas para intentar "disminuir su dolor" cuando esa persona solo quiere ser escuchada.

### 3.  No interrumpas al otro

Uno de los mayores problemas que tenemos a la hora de comunicarnos es que interrumpimos a los demás. Probablemente uno se da cuenta de cuándo le interrumpe alguien en mitad de una frase, pero cuando lo hacemos nosotros, no siempre somos conscientes. Nunca debes de interrumpir a la otra persona cuando esté hablando, al menos que sea absolutamente necesario, ya que, por ejemplo, lo que le vas a decir es algo sumamente importante o necesitas pedirle que te repita algo de lo que está hablando porque no entendiste bien, etc.

**Ejemplo:** Cuando alguien nos está contando algo, y de repente, lo interrumpimos para contarle algo que nos ocurrió parecido a lo que nos está diciendo. Lo mejor es que esperemos a que la persona termine de hablar y después podamos compartir también nuestra experiencia con el(ella).

### 4.  Presta atención a los detalles y hazlo saber

Cuando hables con tu interlocutor, trata de mencionarle algún detalle que te comentó la última vez que hablaron o en ocasiones anteriores que lo han hecho, esto provocará que te tenga más confianza, se sentirá más escuchado y valorado, y hará que se atreva a abrirse más contigo.
**Ejemplo:** Cuando alguien te está contando algo que le ocurrió, y en ese momento tú le haces un pequeño comentario recordando una situación que le ocurrió en el pasado y que tiene que ver con lo que le está pasando en su presente.

### 5.  Parafrasea

Cuando estés hablando con la otra persona, puedes parafrasear partes de las últimas frases que dice, es decir, lo último que te ha dicho, decirlo con tus propias palabras. Esto con la finalidad de que le quede claro que lo estás escuchando, y para asegurarte de que lo estás comprendiendo bien. Cabe resaltar que no hay necesidad de repetir las mismas palabras.

**Ejemplo:** Tu vecino te está contando una razón, por la cual, no lo dejaron entrar a un centro comercial, por lo que puedes parafrasear y preguntar: ¿En serio? ¿Por esa razón no te dejaron ingresar?

### 6.  Refleja los sentimientos de la otra persona

Aparte de parafrasear cosas que tu interlocutor vaya diciendo, también puedes mencionarle algunos aspectos que puedes interpretar acerca de como se sentía en la situación en la que estaba. Esto para generar más empatía y confianza con la persona, hacerle saber que nosotros también somos humanos; y tenemos sentimientos. Para una comunicación más sincera, es importante este punto.

**Ejemplo:** Tu compañero(a) de trabajo te está contando lo mal que lo pasó cuando su abuela estaba enferma. Por lo que tu puedes decir: "Me imagino que te has de haber sentido muy triste e impotente", "que triste es cuando se enferman los abuelos", etc.

Ahora, ¿cuáles son los beneficios de una apropiada escucha activa?
Son muchos los beneficios que traen consigo el saber escuchar a las demás personas de una manera activa, sin embargo, entre los más importantes se encuentran los siguientes:

- Ayuda a que la persona pueda resolver los **conflictos interpersonales** más fácilmente y viceversa.

- **Aumenta la autoestima** de la persona que habla y tuya a la vez, ya que se le hace sentir importante y valorada. ¿Y quien no se siente feliz de ello?

- Se evitan los **malos entendidos**.
- Se desarrollan más las **habilidades sociales** (una de las cosas que estamos buscando con este libro).
- **Mejoran las relaciones interpersonales.**

Crecemos como persona, ayudamos inconscientemente a otros y nos sentimos bien haciéndolo, ¿cierto?

Pero, ¿cómo saber si ya logré una óptima escucha activa? Pasa un día escuchando a la gente. Simplemente permite que entren en ti sus palabras sin sobreponerles tus propios pensamientos. Puedes poner en práctica la idea de que cuando la gente habla, están intentando expresar lo que realmente quieren decir, y que la mejor manera de ayudarles es simplemente escucharles. Permítete acoger lo que digan sin preocuparte de adónde quieren llegar a parar. Confía en que cuando dejen de hablar les entenderás. Si sientes el impulso de acabar una frase por ellos en voz alta o en tu cabeza, **evita hacerlo**.

Puede ser sorprendente escuchar los regalos que surgen de la boca de la gente cuando les permites completar sus pensamientos sin interrupciones. A veces te encuentras con una persona totalmente distinta (especialmente si resulta ser tu pareja). Si realizas todo esto con total naturalidad y tranquilidad, ¡felicidades! Lograste una muy buena escucha activa, la cual, la mayoría de gente no presenta en su ser como habilidad blanda.

**Tu comprensión de otra persona está limitada por lo que piensas que ya sabes**. Así que, si decides sencillamente escuchar, la persona con la que te encuentras no coincidirá con tu preconcepción. Lo fascinante es que normalmente te encuentras con alguien más sabio y amable de lo que esperabas. A su vez, ¡hasta puede que pierdas el rastro de tus ideas sobre quién eres! Te conviertes en un oyente sincero, en una persona abierta y auténticamente interesada en los demás. Puede que tú también seas más sabio y amable de lo que pensabas que eras. Cuando la gente te sorprende y te muestra que tienen más que ofrecer de lo que esperabas, es fácil que estés interesado en ellos de verdad.

Otra táctica además del contacto visual para mejorar nuestro lenguaje corporal es mostrando las palmas de las manos y gesticularlos mientas hablamos. No solo los gestos hacen que sea más interesante el escucharte, sino que en especial al mostrar las palmas, evitamos uno de los errores en lo que suelen caer las personas que se ponen nerviosas.

Cuando no le muestras las palmas de tus manos a otra persona, transmites la idea inconscientemente de que podrías estar ocultando algo, y eso puede hacer que te tengan menos confianza. Así que, **saca las manos de los bolsillos**, en especial, en los momentos incómodos y no agarres el podio cuando des un discurso, ni te agarres de la silla si estás sentado. Haz ese pequeño pero significante esfuerzo de mostrar las palmas de tus manos, e inmediatamente parecerás una persona más confiada, y digna de confianza.

Siempre debes comprometerte al 100% en algo. Sirve para cualquier momento en el que te enfrentes a una situación complicada o incómoda, ya sea, hacer karaoke, bailar o hasta dar un discurso. El miedo a ser juzgados o criticados, hace que inconscientemente limites tus movimientos y expresiones faciales para no llamar tanto la atención. Por desgracia, esa falta de expresividad es lo que delata la incomodidad y hace que todo se vuelva una experiencia incómoda, en especial, para la gente que te está viendo. Pero si te comprometes al 100% en alguna actividad en todo momento, conviertes una situación que podría haber sido un desastre, en una en la que tu confianza brilla por sí sola. Así que, si haces algo un poco torpe, ya sea, a propósito, o sin querer, lo mejor es apropiarte de la situación. Cuando te haces cargo de una situación incómoda, **¡transmites más confianza que cualquier otra persona!**

Y esto nos lleva a hablar sobre los momentos en los que la incomodidad la generan otros, por ejemplo, cuando un amigo se burla de ti. Cabe especificar que me refiero a las burlas entre amigos que no necesariamente las hacen con malicia. Por lo que si no sabes manejar estas situaciones, lo más seguro es que te conviertas en un blanco fácil para cualquier broma que se les ocurra. Sin embargo, si aprendes a controlarlas, será otra manera de poder transmitir confianza y transformarte en el líder del grupo.

# Capítulo 2: Aprende a recibir bromas sin malas intenciones

 Un buen primer paso sería sencillamente ocupar más espacio. Lo que quiero decir es que no te quedes estático en una sola posición. Aprovecha tu espacio personal y muévete, movimientos sutiles y relajados que te harán ver como una persona tranquila, sin presiones y que estás disfrutando de la conversación o del momento. Esto lo puedes acompañar con el movimiento de manos que vimos en el capítulo anterior. Marcará una gran diferencia si combinamos estas dos maneras de expresarnos. Mejorará mucho tu lenguaje corporal, ¡hasta tal punto que tus seres más cercanos **no te reconocerán**!

Te mostrarás como una persona más abierta. Y si estás en un círculo de amigos, puedes hasta tocar a tus amigos (palmadas en la espalda, saludos, etc.). Les estarás mostrando que no tienes miedo a tomar el control de la situación, a un nivel físico. No hay ninguna amenaza implícita cuando haces eso, pero, inconscientemente le das a entender al grupo que no eres alguien a quien se le puede pasar por encima. Además, sirve para generar una amistad fuerte, duradera y una relación sana, que es lo más importante. No puede existir esto último con ausencia de respeto. Tanto en el amor como en la amistad, esta es una premisa que no puede violarse. Es preciso ser **honestos**, primero, con nosotros mismos, antes de participar en la vida de los demás. Las relaciones de amistad fuertes serán difíciles de formar si primero no estamos bien. Esto a que requieren de bases sólidas. Asimismo, las formas de interacción personal requieren de un compromiso sincero para llevarlos a cabo, teniendo como finalidad la felicidad de las partes involucradas. Recordemos que no será igual transitar por la vida a solas que en compañía de buenos y verdaderos amigos con quienes compartir. Así que, si primero nos aceptamos como somos, estamos listos para una amistad fuerte, sana y duradera. En esta fase de construir una buena amistad, las infaltables burlas entre amigos se hacen brillar.

Como bien mencionamos, para generar un mejor lazo entre el grupo de amigos y una confianza **inderrumbable**. Irónico, ¿no?

Y cuando suceda esto, algo que puedes hacer en vez de defenderte de la broma o intentar responder algo ingenioso. Una técnica muy fácil es simplemente reírte junto con el grupo. El grupo cumple ese objetivo que era reírse, y a la vez tú dejas en claro que sabes la diferencia entre quién eres y esa cualidad de la que se estaban burlando. Ya sea que hayan mencionado tu corte de cabello, tu ropa, o lo que hiciste hace mucho. Dejas en claro que esas cosas no definen quién eres, por eso, es fácil reírte de todo eso. Y esa es una mentalidad muy importante de la que trataremos más adelante, pero ten en cuenta que eso es lo que separa a las personas que constantemente son el blanco de las bromas, de las que ganan por cansancio a los que se burlan en el grupo, si te ríes junto con el grupo en general, no las volverán a hacer. Pero por ahora, para que sea más efectivo reírte de ti mismo vas a tener que redoblar la apuesta con la broma. Al principio podrá parecer que estás proponiendo que te hagan más burlas, pero cuando los pruebes, te darás cuenta que en realidad eso te permite retomar el control de la conversación.

**Ejemplo:** Un amigo te dice: "¡Tienes unos pies muy grandes!". Tu sin sentirte mal o hacer sentir mal al otro, y con una buena actitud, le puedes contestar: "¡Lo sé!, es muy difícil encontrar una zapatilla de mi talla, y si lo hago, no puedo evitar caminar como pingüino".

Lo genial de eso es que transformas un momento en el que las personas se podrían reír de ti, en cuyo caso podrías sentirte incómodo, en uno en el que transmites buen humor y confianza, haces que las bromas sean mejores, y haces que todos se rían aún más. Y si logras hacer mejor la broma, las personas escucharán y reaccionarán a lo que tú digas, y en ese momento podrás llevar la conversación a donde tú quieras. Pero repito, estos pasos sirven para las situaciones en que sabes que las bromas no son malintencionadas, si sientes que alguien se está pasando de la raya, ¡sal de ese círculo de personas **ahora mismo!**

En vez de ser relaciones sanas, en las cuales, se apoyan mutuamente, alientan, motivan a lograr sus sueños, se convierten en amistades tóxicas que hacen todo lo contrario a lo mencionado. Lo cual conlleva al bullying. Por lo general, este se relaciona con el colegio, niñez, adolescencia, etc. Pero la verdad es que el bullying está presente en todos los ámbitos y en casi todas las edades, podría estar presente en nuestro grupo familiar, en nuestro grupo de "amigos", en el lugar en donde estamos trabajando. Esto ocasiona severos daños en la autoestima, daños a la hora de ejecutar un proyecto y tus propios **sueños**. Y la persona víctima tiende a no reconocer que esto es así, pero esa podría ser una de las causas por las cuales la persona no se siente a gusto en algún círculo. Frecuenta levantarse con cansancio para enfrentar un día, no quiere ir a ciertas reuniones entre amigos o familiares porque se tiene que enfrentar con el hecho de que va a ser objeto de burla. Sin embargo, existe una herramienta fundamental que nos ayudará cuando identifiquemos que podemos estar siendo víctimas de bullying. ¿Cuál es? **La asertividad**.

Cuando alguien nos intenta humillar, nuestra reacción instintiva es combatirle, ¿verdad? Intentamos devolverles la acción; humillarles a ellos, intentamos ir a la agresión física o verbal, incluso intentamos fingir que no nos importa, pero en el fondo, es difícil esconder los sentimientos. Esta primera reacción instintiva es justo lo que quiere el bully (la persona bravucona). Quiere sacarnos de nuestra normalidad, para hacer que la humillación sea aún mayor. Y esto hace que la persona que hace bullying se sienta más poderosa y dominante.
La primera salida es ignorar completamente el bullying, pero atención, no estoy diciéndote que finjas que lo estás ignorando, sino que lo finjas de verdad. Claro, esto suena mucho más fácil decirlo que hacerlo. Para ignorar completamente un bullying; para que no te hiera ninguna palabra o actitud de la otra persona, necesitas tener mucha confianza en ti mismo; un gran sentido de valor interno. Sin embargo, esta confianza no se construye de la noche a la mañana. Es un camino largo, y tal vez complejo, pero cuando se logre, créeme que **serás imparable**.

Existe una antigua historia de un samurái quien le pregunta a un discípulo: "Si alguien se te acerca con un regalo, y no lo aceptas, ¿a quién le pertenece el regalo?".

El discípulo responde: "El regalo le pertenece a quien lo intentó entregar".

Entonces, el samurái le enseña: "Lo mismo ocurre con **la envidia, la ira y los insultos.** Cuando no se aceptan, siguen siendo de quien los llevaba". Puedes entender el bullying como un juego entre ganar y perder. Y la forma de ganar es no preocupándote por las provocaciones. Lo que quiere el bully es una reacción, y si no reaccionas, se irá, le parecerá aburrido y sin sentido. ¿Por qué? Porque no le das esa respuesta instintiva que esperaba en la que actúes.

Sin embargo, no todos los bullies actúan igual, también existe la posibilidad que tu falta de reacción sea considerada como pasividad, y esto aumente más todavía el bullying. Dentro de poco veremos qué hacer en esta situación, que es cuando tienes que poner límites de lo que no aceptas. Pero, antes de eso, vamos a ver como ignorar el bullying a partir de una posición de confianza.

La mejor forma de hacerlo es aumentando nuestro nivel de confianza en uno mismo. El bullying que más duele es el que toca nuestra autoestima. Si alguien nos da en un punto débil, es muy difícil sencillamente ignorarlo. La salida, entonces, es disminuir nuestros puntos débiles. Y esto se hace aumentando la autoestima o confianza en sí mismo. ¿Qué puedo hacer al respecto?

- Crea una red positiva de personas que te aprecian por lo que eres, con tus cualidades y defectos.

- Busca personas con interés o gustos parecidos. Quédate con esas personas y verás que bully tendrá menos coraje para ir a molestarte.

- **Cuenta lo que te está pasando.** Sé que no es fácil admitir que estás siendo víctima de bullying , o poder comunicar a alguien lo que ocurre, ya sea un amigo de confianza, pariente, profesor, o un terapeuta. Pero es MUY importante que no te lo guardes para ti.

Para aumentar la confianza en ti mismo o misma, tienes que trabajar tu desarrollo personal. Tienes que conocerte mejor. Necesitas hacer una lista con tus puntos fuertes y tener una noción exacta de que tienes cualidades, y también, defectos. **Así como cualquier otra persona.** Una buena forma de resistirte a impulsos y no reaccionar instintivamente es practicando la meditación para tener una atención plena, o también llamada "mindfulness". Si sufres bullying, y sientes una ola de rabia, o que estás a punto de llorar, respira hondo, cuenta hasta tres entre cada inhalación y exhalación. Y sigue haciéndolo hasta que estés suficientemente calmado para seguir. Tan solo cuidar de la mente puede no ser suficiente. También tienes que cuidar de la forma en la que te comportas físicamente y cómo le hablas a los demás. Por esto es esencial el lenguaje corporal. Un lenguaje corporal débil demuestra que tienes miedo, y esto invita al abusón a considérate como un objetivo fácil. Si tu lenguaje corporal demuestra debilidad, no es culpa tuya, pero sí es tu **responsabilidad** cambiarlo. Y ya hemos visto algunas tácticas que mejorarán instantáneamente nuestra forma de expresarnos.

Tus expresiones faciales, tu postura e incluso tu voz comunican que te sientes inferior. Veamos con más detalle cada uno de estos elementos. La cara indica muchas señales de miedo. Las cejas levantadas y tensas, la boca media abierta, los músculos están tensos y adoptamos posturas como si quisiésemos proteger nuestros órganos vitales, como encorvándonos. Cuando estamos inquietos nos movemos de forma rápida y brusca. La mirada es evasiva, parpadeamos más rápido y frecuentemente. Tendemos a esconder las manos y cerrar los puños (ya vimos por qué esta acción nos perjudica).

Para evitar todo esto, cuida tu cuerpo, haz ejercicios o práctica un deporte y mejora tu postura. **Usa poses de poder**, con los hombros hacia atrás, el pecho hacia delante, cabeza erguida, pero claro, de forma natural.

Ahora, si eres víctima por la forma en la que te expresas, aprende comunicación asertiva, oratoria, lógica argumentativa. **La asertividad** es una forma particular de comunicarse con los demás, de manera directa y honesta, pero también respetuosa. Un comunicador asertivo sabe lo que piensa o lo que quiere, y no tiene miedo de pedirlo directamente. Aprender comunicación asertiva lleva tiempo, pero si practicas expresar tus necesidades y expectativas, podrás dominar esta **poderosa** forma de comunicación. Actualmente, estamos viviendo en el mundo de la velocidad, y cada vez tenemos menos tiempo. Esto puede incitarte a hablar más rápido. Uno de los problemas de hablar demasiado rápido es que no reflexionar debidamente y acabas transmitiendo mensajes confusos, ahogados. Reduce la velocidad de tu comunicación para poder escoger mejor las palabras que utilizas para expresar tus opiniones y pensamientos. Hablar muy rápido puede transmitir la idea de que tienes miedo a que te interrumpan, por lo que necesitas hablar con rapidez para acabar pronto. Por el otro lado, hablar lentamente indica que no tienes miedo a ese tipo de interrupciones. (Si quieres practicar esto último, vuelve a leer este capítulo, pero ahora, en voz alta. Prestando atención a tu voz. Y si estás en audiolibro, busca cualquier libro que tengas y lee un par de páginas. Realiza esta misma lectura durante un par de días de forma lenta. Vas a notar que esta práctica te hace estar más tranquilo y te ayuda a transmitir más seguridad y asertividad).

Otro punto es poner **límites claros**.
Este es el consejo especial para los que ya hayan intentado ignorar y han visto que eso solo ha empeorado las cosas. Para ti, el consejo más importante de todos es que necesitas aprender urgentemente a poner límites de lo que no tolerable en tu vida. En primer lugar, te recuerdo que estamos tratando sobre bullying, y no de situaciones en las que se comete algún tipo de crimen como daños personales, injuria, calumnia, difamación. El crimen es algo que resuelves a través del sistema jurídico. En el caso del bullying, lo que causa dolor a mucha gente es la

falsa impresión de que no podemos formalizar la queja. Pero siempre existe un contexto con reglas. Por ejemplo, el barrio tiene reglas de condominio, el colegio tiene un código de conducta, la empresa tiene un departamento de gestión de personas. Cuando no eres capaz de resolver el abuso directamente usando tu comunicación asertiva sobre qué límites no toleras, entonces, involucra a los responsables que tengan el poder de amonestar este comportamiento abusivo.

El bully es muchas veces calculador. Sabe que el momento de atacar a alguien es cuando nadie lo vaya a ver y, muchas veces, cuando reaccionas, al que castigan es a ti. Mientras la otra persona se ríe bajo su impunidad. Por eso, también tienes que mantener la calma y planear tus acciones. No tienes que denunciar el abuso inmediatamente si estás en un estado emocional alterado. Deja que se te pase la ira, considera todos los elementos necesarios para poder hacer una queja que tenga todas las pruebas necesarias. Y así pones tus límites, y **tomas el control de tu vida**.

Para resumir, El bullying es un problema que afecta a niños, jóvenes y adultos en todos los sitios del mundo. Casos extremos pueden llegar a acoso moral, agresión física y daños psicológicos graves. La mejor forma de lidiar con el problema es trabajando en tu propio desarrollo personal para convertirte en una persona con más confianza, capaz de, sencillamente, ignorar al bully para tomar las medidas adecuadas y, así, evitar y superar el problema (por lo cual te felicito al haber dado un gran paso adquiriendo este libro, que más que eso, es tu propio crecimiento personal). Uno de los aspectos que más ayuda en esta **superación** es tu capacidad de comunicarte de forma efectiva, tanto para poner límites con el bully, como para contar el problema a las personas que puedan resolver los abusos.

Por esto es muy trascendental contar con verdaderos amigos, aquellos quienes estarán contigo en las buena y en las malas. Personas hay muchas, pero, verdaderos amigos, no. Son como una aguja en un pajar. Te contaré algo personal, recuerdo que mi madre siempre me decía que era muy amiguero. Desde que salí del colegio, sentía que tenía una

buena cantidad de amigos y "verdaderos amigos", pero la realidad es
que tenía muy pocos amigos de verdad. Muchos menos de lo que creía.
Lamentablemente, me di cuenta de quiénes eran mis verdaderos amigos
cuando sufrí un accidente. Ese momento cuando es la prueba de fuego.
Ese momento cuando necesitas realmente de alguien es cuando salen a
flote las personas que te quieren, te estiman, te motivan, y están
dispuestas a darlo todo por ti.

Pero no es necesario esperar a esos momentos para conocer realmente
a tus amigos de verdad, por eso, a continuación, te mencionaré siete
aspectos en los cuales debes reflexionar para reconocer a tus
verdaderos amigos.

### 1. Secretos

¿Tu amigo o amiga comparte secretos contigo? Un verdadero amigo te
ve como una persona de confianza y comparte contigo información
personal. Desde lo que pasa en el trabajo, a su vida amorosa. Un
verdadero amigo no tiene zonas oscuras de su vida o secretos para ti, y
aún más importante, ¿es de manera **viceversa**? ¿Compartes secretos
con ellos? ¿Confías en que te guardarán los secretos que les cuentas?
Además, debes mantenerte alerta si comparten contigo secretos de
otras personas. Esta no es una buena señal de que están guardando los
secretos de tu vida privada.

### 2. Consejos

¿Eres capaz de darle consejos a tu amigo? Es importante en una buena
amistad que los amigos sean capaces de darse mutuamente consejos
para ayudarse en sus vidas. Por ejemplo, ¿que haría tu amigo si tratas de
advertirle que la persona con la que está saliendo, solo está jugando con
él o ella? ¿Se enojaría o se detendría a considerar lo que le estás
aconsejando? **Y viceversa**, ¿crees que los consejos que te dan
provienen del cariño y estima que te tienen? O, ¿solo están tratando de
demostrar que saben más que tú? Los verdaderos amigos solo quieren
lo mejor para su amigo.

### 3.  Perdón

Todo el mundo mete la pata, un verdadero amigo admite su culpa, y pide perdón cuando él o ella sabe que ha hecho algo mal. Pero también perdona cuando tú has hecho algo malo. Recuerda que perdonar y ser perdonado no significa que todo va a estar bien y volverá todo a la normalidad. La confianza tiene que ser reconstruida, pero un amigo de verdad, no sacará tus errores cada vez que puede e intentará reconstruir la amistad.

### 4.  Protección

Un amigo verdadero te defenderá y apoyará siempre. Un buen amigo le dirá a alguien que deje de hablar mal de ti, incluso, si no estás presente. Y también te lo comunicará a pesar que eso signifique que corra el riesgo de que la otra persona se entere, y se enoje con él o ella. Alguien que no se levanta por ti para defenderte no es tu amigo automáticamente. **Y viceversa**, ¿estás dispuesto a luchar y defender a ese amigo de quién están hablando mal a sus espaldas? ¿Así tengas que cortar ciertos lazos con personas por ese verdadero amigo? Créeme que a pesas que no haya estado ahí, estará siempre agradecido y nunca lo olvidará.

### 5.  Confianza

¿Puedes confiar a tu verdadero amigo cosas que realmente te importan? ¿Puedes dejar a solas a tu pareja sin tener que preocuparte? ¿Puedes prestar tus objetos personales sin preguntarte si los vas a volver a ver? La confianza es un activo importantísimo y vital en una verdadera amistad. **Y viceversa**, ¿ellos confían en ti tanto como para desprenderse sin preocupaciones de lo que más aprecian? Este punto resaltará mucho cómo es esa persona contigo.

### 6.  Verdad

Un verdadero amigo te dice la verdad siempre, incluso, si es dolorosa. La mentira puede romper en unos segundos una amistad. Y la razón por la que siempre irán con la verdad por delante es porque aprecian mucho tu amistad. Y aunque pueda doler, solo buscan tu bienestar y lo mejor para ti. **Y viceversa**, lo mejor que le puedes hacer a un amigo es decirle siempre la verdad. Aquella persona lo valorará y te valorará más como alguien en quién recurrir.

## 7.  Distancia

A un verdadero amigo le es irrelevante la distancia. Si en algún momento necesitas de tu amigo, y tú estás en china, y él o ella en Brasil, buscará la manera de ponerse en contacto contigo y demostrarte que está presente en todo momento. Y si por alguna razón, no han podido comunicarse durante un tiempo, cuando se vuelven a ver sientes que el tiempo no ha pasado y que siguen siendo los mejores amigos.

Recuerda que, en la vida, muchas personas dicen ser tus amigos. Los verdaderos no lo dicen, te lo demuestran. Todo empieza en ti, así que, empieza a demostrar que eres un verdadero amigo o amiga.
Ahora, te preguntarás por qué en casi todos los aspectos mencionados estaba bien marcado el "viceversa". Pues, porque si quieres tener verdaderos amigos, **debes aprender a dar**. La amistad no se trata de que solo uno haga todo el esfuerzo. Ambas partes son responsables del crecimiento y del desarrollo del lazo emocional de la relación. Si quieres mantener a tus amigos a tu lado, debes actuar en consecuencia. Esto implica que no siempre serás el que hable, ya que en ocasiones deberás también escuchar.

Hay una buena frase que resalta bien todo lo mencionado.
**"Calidad en vez de cantidad"**. Es decir, no es necesario tener una exorbitante cantidad de amigos, sino los que valgan la pena serlos.

Esto nos lleva a hablar del tercer capítulo. Una vez que consigas esos verdaderos amigos, te sentirás más en confianza de **reírte de ti mismo** y seguro de poder expresar cosas más personales que normalmente te avergonzarían.

# Capítulo 3: Cuenta tus propias anécdotas vergonzosas.

Es muy probable que las personas sepan anécdotas bastantes vergonzosas sobre ti, así que, en vez de hacer que la gente cuente cosas sobre ti (lo cual podría hacer que la gente se ría de ti), lo mejor es saber cómo contar bien una anécdota para que tus amigos te pidan a ti que cuentes tus propias anécdotas vergonzosas. **¡Que no te de pena!** Cuando eso ocurre, transmites una confianza indestructible ya que te conviertes tú en el que no tiene problemas sin contar algo que avergonzaría a la mayoría de las personas, y, además, lo haces con humor. Contar buenas anécdotas no necesariamente puede ser algo natural, lleva práctica conocer qué es lo mejor que puedes decir y lo que no para en todo momento retener la atención de las personas. Cada persona puede aprender a hacerlo. Lo principal es aprender cómo adoptar la mentalidad que te va a hacer contar una buena historia; de esas que hacen que las personas se maten de risa y quieran saber como sigue. Además, hay un par de técnicas para que tus anécdotas sean mucho mejores y que tomes el control de las cosas que dicen sobre ti. Una de las cosas que tendemos a pasar por alto al momento de contar historias, o anécdotas en este caso, es captar la atención de las personas antes de empezar a hablarles. Cuando escucho a alguien contar historias en la vida real, muchas veces tienden a empezar y callarse porque nadie los está escuchando. O hasta a veces muchos intentan seguir contando la historia mientras que el resto del grupo está hablando de otra cosa. Pero tú puedes ahorrarte esos momentos si simplemente te tomas unos segundos para asegurarte que te está escuchando. Te preguntarás: "¿Cómo puedo lograr esto?". A continuación, te detallaré tres maneras.

**La historia debe tener un preámbulo.**
**Ejemplo:** "La comida de aquel restaurante fue increíble, déjame explicarte la razón por la cual quedé maravillado".

Creas intriga en la otra persona, que le hace prestar más atención a tus próximas palabras.

**Ejemplo:** "Lo que te diré a continuación, sigo sin creer que haya ocurrido".

Estos dos son ejemplos claros de un preámbulo. Cuando alguien dice algo parecido, generalmente, implica que lo que va a decir es muy interesante. Así que, inconscientemente le indicas que debería prestar atención. Y esas dos frases son muy buenas para captar la atención, siempre y cuando, no la uses todo el tiempo.

**Di el nombre de la persona con la que estés hablando.**

**Ejemplo:** "¿Y sabes que sucedió después, Carlos?"

No hay nada más llamativo para que una persona te escuche que el sonido de su propio nombre. Estoy seguro que te ha pasado que estás hablando con alguien, y de repente, escuchas tu nombre a lo lejos, inmediatamente te diste vuelta para prestar atención desde donde venía tu nombre. Es como la palabra favorita en español de toda persona. Decir el nombre de alguien pone a esa persona en modo escucha, porque lo que sigue, va a ser relevante para esa persona. Es una muy buena forma de captar la atención de las personas antes de empezar a contar una anécdota, o incluso, mientras la estás contando si ves que se empiezan a distraer.

**Hacerles saber a las personas que te estás por ir.**

**Ejemplo:** "Les contaré esto ahora porque ya debo irme".

Al ser la última historia que se va a contar, da la sensación de que conviene prestar atención, y por supuesto, no puedes decirlo si no te vas a ir. Pero, funciona bastante bien para cerrar con "broche de oro" y retirarte a lo grande.

La clave de todo esto es no comenzar a contar una historia, si no cuentas con la atención de tu público. Y este mismo principio se aplica para cuando vas por la mitad anécdota, porque a veces cuando estás contando una historia surgen distracciones, ya sea que alguien se

levanta, hay conversaciones secundarias, se cae un objeto, entre otras.
Además, debes comprometerte con la historia, porque lo he visto miles
de veces. Alguien comienza a contar bien una historia; consiguen la
atención, pero la desperdician porque no están comprometidos
realmente a contar la trama de la anécdota. La sintetizan en vez de
contarlas con detalles, o su voz se va apagando y da la impresión de
que la historia no es demasiado importante.

Es muy relevante la expresividad de tus gestos para retener la atención
de la gente mientras cuentas la historia, ya que todo lo que no dices de
manera explícita, tus gestos indican que la historia es muy buena.
También, otra forma de acaparar el interés es interpretar a personajes
dependiendo de tu anécdota. Esto es un recurso para mantener a la
gente entretenida, y probablemente, hacerla reír con la interpretación
del personaje. Lo interesante de interpretar personajes de esta forma es
que puedes matizar tus historias, y puedes hacer que los momentos que
no son muy graciosos, parezcan divertidísimos con solo jugar con los
personajes. Así, es como uno aprende a contar historias cada vez más
largas, pero que a la vez captan más la atención de la gente.

Sin embargo, es importante saber qué es lo que le interesa a la gente
para no perder su interés en cualquier momento, o peor aún,
desagradarles por algún comentario. Para esto se debe **experimentar**.
Por ejemplo, las personas que hacen Stand-Up corrigen su material
cuando van a eventos pequeños y cuentan sus chistes para ver cómo
reacciona el público. Esta es una de las razones por las cuales los shows
son tan graciosos, van sacando todas las bromas que ven que no
funcionan, y el resultado final, es un show compuesto solo por las
mejores bromas y el mejor material que tienen. En tu caso, podrías y
deberías hacer lo mismo con tus bromas. Si bien, quizás no hagas
shows, pero deberías darte cuenta de cuándo la gente se ríe de algo y
volver a usarlo en otras situaciones. Esto de prestarle atención a lo que
funciona no necesariamente es algo que debas hacer al final de tu
anécdota, lo puedes hacer mientras la estás contando. Cuando
encuentres algo que haga reír a la gente, puedes ir en esa dirección.

Presta atención a las partes de tus historias que más parece interesarle a la gente, y también, presta atención ante qué y cómo la gente pierde interés en tus anécdotas, ya que, como te mencioné, toma algo de práctica en volverte un experto en captar la atención de las personas. Y la próxima vez que sientas que estás contando una historia aburrida, tómate tu tiempo, retrocede, y averigua dónde es que te equivocaste. Si haces esto, empezarás a eliminar de manera natural las partes malas de tus historias y dejarás solo lo bueno.

Todo lo mencionado caería muy bien combinado con lo que habíamos repasado en el capítulo uno. La importancia del lenguaje corporal mientras te expresas. En especial, si en la anécdota te burlas de ti mismo. Porque no solo sirve para que te presten atención, también es tu forma de mostrarte confiado al contar historias en las cuales, si no se abordan bien, podrías retratarte como alguien inseguro o torpe. En segundo lugar, haz que las anécdotas sean más impactantes usando palabras que impacten más. No es ningún secreto que las buenas historias parezcan versiones exageradas de la verdad. Las personas necesitan motivos para escuchar una anécdota larga, y cuando usas palabras que evocan emociones por sí solas, por la naturaleza misma de las palabras, logras que las personas te presten atención y evitas hablarle a una audiencia a la que no le interesa lo que dices.
**Ejemplo:** "¡El verano pasado fue el mejor de toda mi vida!" "Mira esta foto que tomé, ¡es increíble!"

Pero, ¿qué pasa si estamos en un círculo en el que ya no hay tanta confianza como cuando estamos con amigos? Es decir, una persona que no conocemos, un conocido, el amigo de un amigo, etc. Puedes utilizar todos los trucos que hemos visto hasta el momento para empatizar con ellos y crear nuevos lazos de amistad. Sin embargo, no todos somos iguales, por ende, no todos hacemos amistades de la misma manera. Existe gente tanto introvertida, como extrovertida. Este grupo último generalmente no tiene tantos problemas para empatizar con nuevas personas, ya que no se comportan de manera diferente con algún desconocido, y lo hacen sentir incluido, o hasta a ellos mismos. Por otro lado, las personas introvertidas o tímidas sí tienden a cambiar su manera de expresarse cuando se sienten rodeados de gente no conocida. Lo cual cabe resaltar que no está mal en un principio, pero el propósito con este libro es mejorar nuestras habilidades sociales, y lograr ser una persona nueva, sociable y líder de un grupo, el cual estuviese el integrante que estuviese, nos sintamos cómodos.

Pero ahora, veremos cómo pasar de una conversación típica, a algo que sea un poco más interesante si tú te consideras una persona introvertida, o extrovertida en busca de mejorar ciertos puntos. Primero, a algunos les puede resultar difícil empezar con algún tipo de conversación, porque no saben en qué momento tienen que hablar. Si no les hacen una pregunta, sienten que no deberían hablar y se genera un silencio incómodo hasta que la otra persona se va. Y la verdad es que casi siempre hay momentos sutiles en los cuales se presenta la oportunidad para decir algo. Muchas veces la persona no se da cuenta de esos momentos o deciden simplemente no decir nada. Pero si tú quieres llevar la conversación a un lugar más interesante, debes captar esos momentos. Lo más fácil de hacer para generar una conversación es comentar cómo te hace sentir lo que la otra persona te está contando.

**Ejemplo:** Alguien te felicita por alguna acción que realizaste. Imaginemos que hiciste una obra benéfica, y la persona te dice: "Que bueno que hiciste eso, debes tener un buen corazón". Tú puedes comentar: "Muchas gracias por tus palabras, me alegran y motivan a seguir así".

Esos comentarios son los que hacen que la conversación avance, ya que, basándonos en el mismo ejemplo, probablemente luego de tú responderle, la persona te preguntará más sobre el tema en cuestión, por ejemplo, "¿quién te motivó a hacer esta obra benéfica?, ¿qué te pareció la experiencia?, ¿me recomendarías hacer lo mismo?

Otro inconveniente que suele ocurrir es que respondemos de forma literal cuando nos preguntan: "¿Cómo estás?", o, "¿cómo te está yendo hoy?". Y si bien no hay nada de malo en responder de forma literal, suele ser difícil seguir la conversación después de una respuesta literal. La conversación se estancaría, y por eso, si deseas dejar atrás una conversación típica para hablar sobre algo más relevante o interesante, debes evitar este tipo de respuestas literales de las preguntas que te hacen, porque muchas veces las personas te harán preguntas que tienen respuestas de sí o no, y la idea es dar una respuesta más interesante que esté relacionada con lo que te están preguntando.

**Ejemplo:** Siguiendo con el mismo caso anterior. Una persona te pregunta: "¿Es verdad que hiciste una obra benéfica?". Tú podrías responder simplemente con un "sí", pero eso es justo lo que queremos evitar, para que fluya la conversación, es necesario explayarnos más en nuestras respuestas. En vez de decir "sí", una mejor respuesta puede ser: "Claro, lo hice la semana pasada con unos amigos, es mas, fuimos a una montaña, y tuvimos que pasar la noche ahí, fue muy emocionante".

Algo importante que también sirve tener en cuenta, es que muchas veces las personas te van a agradecer si respondes a una pregunta que haga que la conversación se vuelva más fluida y entretenida. Si transformas una respuesta aburrida de sí o no en una anécdota o en una broma, de hecho, le harás un favor a la otra persona porque es lo peor sentir ese silencio incómodo después que te responden una pregunta de forma literal.

Ahora bien, entiendo que quizás te preocupe aburrir a la otra persona si le respondes a todos de esa forma, pero para evitarlo simplemente puedes hacer pequeñas pausas en lo que estás diciendo para que los que te escuchen puedan decir si les interesa seguir escuchándote, ya sea a través del lenguaje verbal, o con el cuerpo.

Puedes generar esos momentos cuando la anécdota se interrumpa si alguien acaba de sumarse a la conversación o si estás en un restaurante, y justo llega el mozo para tomarte el pedido. Si la persona a la que hablas, te pide que sigas la anécdota donde la dejaste, sabrás que estaba interesado, y si no, simplemente puedes hablar sobre otra cosa sabiendo que no vas a hacerles escuchar algo que en realidad no les interesa. Y esto nos lleva a lo más importante, a los introvertidos muchas veces no les interesa pasar por una conversación casual o unas cuantas bromas. Les interesa hablar sobre algo que realmente les importa, y la mayoría de las conversaciones, si dejas que fluyan, se quedarán en unas bromas y nada más. Así que, lo que tienes que hacer es pasar de las bromas, a un tema que realmente a ti te interese. Y puedes hacerlo de una manera simple. Por ejemplo, puedes añadir en la conversación: "¿Recuerdan esa película de los superhéroes que vimos? Es mi favorita". Y la conversación seguirá en torno a ese tema debido al comentario que hiciste, el cual es un tema que te gusta e interese a ti.

Y como la mayoría de las personas les encanta dar su opinión, puedes preguntar: "¿Y tú que opinas sobre tal asunto?". De esa forma, no tienes que pasar esos momentos incómodos en una conversación banal sobre el clima, deportes, o sobre cómo está el tío de tu tía que no ves hace 30 años.

Pero si aún dudas de ti mismo y sientes que no podrás llevar una conversación fluida, que en medio de una conversación tendrás la mente en blanco, o que sientes que los comentarios que digas, las personas te critiquen o te juzguen, y de esa forma te sientas menos. No pasa nada, como te comenté, nadie es perfecto, y todos empezamos con una base, la cual iremos escalando poco a poco, con la práctica y el tiempo. Para dejar estas dudas que tienes en ti atrás, hay un par de formas las cuales te ayudarán a liberarte de esta sensación.

- **Sentir**

Antes que nada, voy a explicarte cómo funciona. El consciente y el inconsciente no hablan el mismo idioma. El consciente se expresa verbalmente. Hablamos con nuestros amigos y familia, e incluso somos conscientes de nuestros propios pensamientos. Pero la forma en que nos sentimos, por más que los pensamientos circulen en tu cabeza, es muy difícil convencerte a ti mismo de sentirte de una cierta forma. Es necesario crear experiencias, aunque sea imaginarias. El inconsciente registra las experiencias mientras que el consciente se expresa mediante el lenguaje. Con respecto a las experiencias, es importante sentir que te liberas de la duda en ti mismo. Una de las formas más efectivas siempre que se tenga una emoción negativa, en particular esa duda de la que tratamos, es la escritura libre.

Escribe en un documento de Word todo lo que te molesta, incómoda o te hace sentir inseguro. Por ejemplo, "No me siento muy bien cuando…", "me incómoda que…", etc. **¡Sácalo todo!** Y siente cómo tus emociones quedan plasmadas en esas páginas. Algunos disfrutan más si escriben a mano. La escritura libre te dará esa sensación de catarsis. Eso es muy trascendental. No es una metáfora. Después de sacar todo eso y haberlo plasmado en esas páginas, cierras todo, apagas la computadora, y te quedas con una sensación de cierre. También puedes arrastrar el documento de Word a la papelera y listo. Ya no está. Si lo escribiste en papel, bótalo a la basura o quémalo.
Sé que suena muy raro y debes pensar: "¿De qué me sirve esto?". Pero recordemos que el inconsciente registra las experiencias. Al plasmar todas tus emociones y quemar el papel, creaste esa experiencia. Y ya no están. Es increíble lo efectivo que es esto. Convertirlo en un hábito es una forma de engañar a tu inconsciente. Si alguien te molesta o incómoda, después de escribir y sacar todo, escribe una carta de esa persona y que esté dirigida a ti. Pidiendo disculpas o explicándote por qué te hizo tal cosa. Por más que sea tu propia voz y no la escriba la otra persona, adivina qué, **no importa**. Tu inconsciente no se entera. Y ahora puedes sentir el cierre y sentirte bien. Y en verdad es así. Después de prenderle fuego, ya no está. Y créeme que te sentirás mucho mejor. De eso se trata sentir.

- **Determinación**

Cuando tienes determinación, puedes lograr lo que sea. Y la verdad es que cuando dudamos de nosotros, eso nos ayuda de alguna manera.

Cuando no sé si estoy gesticulando, hay algo en mi mente que me dice: "Quiero ser mejor". En mi lugar, necesito estar más seguro de que haré un gran trabajo con este libro. Entonces, hay algo que lo está desencadenando. Para combatir eso, es necesario que tengas una gran determinación que sea más fuerte que la duda en ti mismo. Pero un patrón que es bastante común y te resultará efectivo es enojarte cuando otras personas o pensamientos ridículos condicionen lo que sientas. Por ejemplo, en mi caso, me detuve a pensar por qué permito que gente que generalmente no conozco y para quienes intento hacer buenos libros y ayudar a superarse, afectan la forma en la cual me siento. No me enojaría con esas personas ni tampoco descartaría sus opiniones, sino que me enojaría conmigo. No para castigarme, sino para nunca volver a hacer eso. Nunca dejes que alguna persona o algún desconocido en internet, mayormente en redes sociales, que hasta te puede estar "troleando" o que ni le importes, afecte la forma en que te sientes contigo. Así que, no te hagas una película ni dejes que esos pensamientos ridículos te dominen. Te repito, si escribir te ayuda, hazlo. A mí me funciona. Y estoy seguro que también lo hará contigo. Lograr la determinación será más fácil y te ayudará muchísimo combinado con el punto anterior. Pude eliminar varias incomodidades que tenía durante mucho tiempo, y con solo empezar a realizar estos dos puntos, ya había notado un gran cambio.

Todos tenemos a alguien a quien admiramos. En mi caso, alguien quien ha sido mi ejemplo a seguir, y a quién admiro mucho es a Oprah Winfrey, una mujer que posee un gran don. Durante más de 30 años, las personas que han hablado con ella, no han podido evitar abrirse. A veces han llorado, otras han reído sin parar, o simplemente han mostrado su lado más vulnerable. Así que, ahora analizaremos por qué y cómo hizo Oprah para convertirse en la persona que más logra conectar con otros. Y cómo tú podrás copiar, las mismas cualidades que ella presenta, con total naturalidad. Para que la persona con la que hables, te recuerde para el resto de su vida.

Primero, Oprah prepara el terreno para conectar con otros
(**literalmente**). Porque a diferencia de muchos otros presentadores de
programas de televisión, es famosa por recorrer los pasillos de su
audiencia. Y por sentarse en mismo asiento que sus invitados, incluso,
llega a ir hasta sus casas para hacer las entrevistas más íntimas. La falta
de barreras físicas entre una persona y otra, como lo puede ser un
escritorio, hacen que se sientan mucho más conectadas. Y es por eso
que, probablemente, conectes mucho más en una primera cita, si te
sientas al lado de la persona con la que sales, y no en frente. Esa
también es la razón por la cual cuando una persona no se siente
cómoda, bloquea inconscientemente a la otra, ya sea cruzando sus
piernas o colocando un objeto entre medio. En el caso de Oprah, la
falta de esas barreras le permite conectar emocionalmente, y también,
conectar físicamente a través del tacto. A Oprah la vas a ver chocando
las manos, dar apretones, caminar del brazo, abrazar a su audiencia,
pero para realmente entender el papel que juega el contacto físico en
sus interacciones, tendríamos que verla en contexto. Ya que soy
consciente que hay formas de tocar a otros que pueden llegar a ser
incómodas o hasta desagradables, porque quizá a ti te pasó, o lo viste
en algún programa de televisión. En este libro, intento dejar de lado ese
contacto incómodo, y estoy comentando solo de un contacto físico
más platónico, como los que te mencioné hace un momento que
Oprah hace con su audiencia, sin intenciones sexuales. Es una pena que
este tipo de contacto más platónico se esté perdiendo, porque es algo
que realmente te ayuda a conectar con las personas. Es una de las
razones por las cuales las personas se abren con tanta facilidad ante
Oprah, y logran sentirse cómodas con ella. Pero la idea principal es que
el contacto físico, inmediatamente disminuye la distancia entre Oprah y
sus invitados.

Además, Oprah no tiene problemas para mantener un contacto visual
prolongado. Ella se siente cómoda mirando por un largo tiempo a
otros, y cómo le muestra a sus invitados que realmente está interesada
en lo que están hablando. Oprah, siente y hace gestos, para que la otra

persona sepa que la está escuchando. Y todo esto no surge solo cuando piensas en estrategias para ser carismático, es lo que realmente ocurre cuando estás escuchando a alguien, e intentas entender realmente lo que te quieren comunicar. Y por supuesto, si damos vuelta a la situación, cuando eres tú el que siente que te están escuchando, se siente genial, ¿verdad?

Y ahora, para sumar muchos más puntos y hacer sentir aún mejor a la otra persona, muchas veces Oprah le presta muchísima atención a sus invitados, y eso es lo que hace que se sientan comprendidos. Conectan con ella porque de alguna forma sienten que ven la vida de forma parecida. Y Oprah, no solo señala esas conexiones y similitudes con algún gesto. Ella directamente las dice en voz alta a penas las descubre. Este detalle es mucho más importante de lo que imaginas, ya que, en el libro, "influencia", de Robert Cialdini, él explica que sentirse similar a alguien, es uno de los seis componentes más poderosos de la persuasión. Eso es lo que pone a dos personas en sincronía, y es lo que te permite guiar las conversaciones. Dos personas que están en sintonía, pueden respirar de la misma forma y hasta moverse parecido. Pero el indicador más fácil de reconocer es cuando uno puede complementar lo que iba a decir el otro. Y Oprah tiene una gran habilidad para llegar a esta fase increíblemente rápido.

Y si bien, todo lo que hemos hablado hast ahora, es muy útil. Lo que distingue a Oprah del resto, y lo que la hace tan buena para conectar con los demás, es su filosofía. Ella cree firmemente que lo más importante que debes tener en cuenta en una interacción, es aquello que genere emociones en otra persona. Ella no se hizo famosa discutiendo sobre política, o haciendo parodias tontas. Se hizo famosa cuando comenzó a ver qué cosas producían un efecto en las emociones de sus invitados. Y, es por eso que, a menudo la escuchas hacer preguntas como las siguientes: "¿Cómo describirías tu infancia?", "¿cómo te las arreglas para recomponerte a ti mismo?", "¿qué es de lo que más te arrepientes?". Y si te das cuenta, esas preguntas no surgen en charlas banales o en bromas. Tienen que ver con momentos difíciles con la familia, con cosas que no le querríamos contar a los demás porque nos hacen sentir vulnerables, nos cambian el estado de ánimo, y nos dejas al descubierto. Pero nuestra familia, nuestros momentos difíciles, nuestros sueños, y las cosas que nos avergüenzan, esas son las cosas que a menudo definen quienes somos en realidad. Y para entender completamente estas ideas de los sueños y las familias, te recomiendo buscar en internet la entrevista entre Oprah y James Corden. Una entrevista que me hizo notar que realmente Oprah tiene un don con las personas. La entrevista es corta pero **poderosa**. Ella durante toda su carrera, ha logrado que las personas lloren, y fue esa habilidad, la de realmente llegar a las emociones de las demás personas, lo que la hizo famosa. Y si tú pones en práctica todos estos puntos mencionados, tú también vas a poder lograr que las personas se abran contigo, y podrás generar un vínculo que realmente dure por mucho tiempo. Sin embargo, hay algo muy importante que debo aclarar. Cuando las personas llegan a mostrar sus emociones, por ejemplo, cuando lloran, cuando se ríen, etc., Oprah no trata de sacar a las personas de ese estado. En cambio, las apoya y les permite que se expresen. Y muchos de nosotros, desafortunadamente, hacemos exactamente lo contrario. Si alguien llora, le damos dos o tres palmaditas en la espalda y esperamos a que dejen de llorar. O si vemos a alguien súper feliz, les cambiamos el tema de la conversación, porque nosotros no estamos de humor. Y Oprah, por su parte, logra esa conexión increíble con las personas, porque no solo les da el pie para que muestren sus emociones, sino que también, las apoya cuando lo hacen. Ella es lo suficientemente empática para compartir las emociones con sus invitados, y comparte su alegría o su dolor.

En resumen, todos se sientes lo suficientemente cómodos como para ser vulnerables y abrirse ante Oprah, porque ella está dispuesta a acompañarlos emocionalmente. De hecho, ella fue la primera que se abrió. Cuando a penas comenzaba con su carrera y sus programas, ella contó los abusos sexuales que sufrió cuando tenía 9 años, y muchas otras situaciones difíciles que le tocó vivir. Y el mostrarse de esa forma, fue lo que allanó el camino para que todos los demás invitados hagan lo mismo cuando estén en su programa. Así que, si en tu caso quieres establecer un vínculo fuerte con alguien para que te cuente cosas más allá de lo que hablarías en una charla banal, y además, quieres que te recuerden, debes encontrar que es lo qué realmente conmueve a esa otra persona, y debes enfocarte principalmente en las similitudes, y no tanto en las diferencias, debes estar dispuesto a abrirte tu también con esa otra persona para que se sienta segura contándote cosas personales. Y todo eso que te acabo de comentar, es lo que hace que Oprah sea una de las mejores conductoras de televisión, es lo que les fascina a millones de espectadores, y es lo que la hizo ganar millones de dólares. Y como verás, no es tan difícil, así que, estoy seguro que tú también podrás lograrlo.

# Capítulo 4: No intentes manipular la opinión que las personas tienen sobre ti

Si tu mentalidad es la correcta, no es necesario que recuerdes cada técnica para cada situación específica. Porque esos hábitos carismáticos te saldrán de forma natural, así que, recuerda que el 99% de las situaciones incómodas en las que te encontrarás en tu vida serán peores cuando intentes que otras personas te vean de la forma que tú quieres. Si dejas de intentar controlar la opinión de otras personas, la mayor parte de la incomodidad **desaparece**. Así que, cuando te sientas incómodo, pregúntate a ti mismo, qué opinión es la que estás intentando cambiar. Y luego, tómatelo con calma sabiendo que es solo una opinión sobre ti, porque tu verdadera confianza no se basa en controlar lo que los demás piensen de ti, sino en aceptarte tal cual eres. Y para que lo sepas, ni tú, ni yo, ni nadie, es perfecto. Siempre habrá cosas que otros puedan criticar y que puedan ser motivo de burla, o que a ti te hagan sentir avergonzado. Pero, cuando logres reconocer que aún a pesar de esas imperfecciones, te caes bien a ti mismo, podrás transmitir una confianza genuina. Si puedes realmente aceptar que como todas las demás personas a veces haces cosas tontas, vergonzosas, y hasta cosas de las que te arrepientes, vas a manejar las situaciones incómodas, las interacciones torpes y las críticas, sin sentirte incómodo. Así que, hazte cargo de la verdad y de la conversación. Ahora, ¿hay algo que quieras hacer en tu vida?, ¿algo que sabes que es importante para ti, pero no lo haces porque te preocupa lo que otras puedan pensar o decir de ti? Si este es tu caso, entonces el miedo al qué dirán te está impidiendo tener la vida que te gustaría vivir. Una vida basada en tu verdad. En aquello que quieres conseguir, y que sabes que es posible para ti, pero que no lo haces por miedo a quedar en evidencia frente a otros a no ser aceptado y a ser rechazado por los demás. Esta sensación en algún momento de nuestra vida lo hemos tenido todos. Es normal. Lo que no lo es, es quedarnos de brazos cruzados prohibiéndonos a ser como en verdad somos, y brillar en el mundo por lo que nos gusta hacer, o por lo que resaltamos y nos diferenciamos de los demás. Pero aquí estamos para ayudarnos, te diré 5 consejos que te ayudarán a superar, de una vez por todas, esa preocupación y ese miedo al que dirán, o qué pensarán de ti. **Para que vivas la vida a tu manera y no a la de otros**.

## 1.  Anticípate

Anticipa los comentarios, las críticas, e incluso las burlas de otros. El primer paso para superar el miedo al que dirán, es simplemente aceptar que otros sin importar qué hagas o cómo lo hagas, no estarán de acuerdo contigo y te van a criticar. Debes asimilar que, en el mundo, hay muchas personas, cada una con su propia visión de la realidad. Recuerda que existen actualmente 7 billones de personas, con 7 billones de opiniones diferentes. Y es totalmente normal que opinen distinto a ti, y que, en ocasiones, te lo hagan saber con sus comentarios, críticas o burlas. A medida que crezcas como persona, a medida que compartas tus aspiraciones y tu visión para tu vida, y a medida que ejecutes esa visión con tus decisiones y con tus acciones, te estarás colocando en el punto de mira de otros. Aquellos que no piensen como tú. Aquellos que no te entiendan por tener otra visión distinta de la realidad, y de lo que es posible. Aquellos que se sientan atacados o amenazados por ti. Aquellos que te tengan envidia o se sientan frustrados por la vida que llevan, tratarán de hacerte cambiar de opinión. Te criticarán, se burlarán de ti, e incluso tratarán de hundirte si pueden. Por suerte, la mayoría de personas no son así. Pero, en algún momento te encontrarás con este tipo de gente. Es inevitable. Y aquí viene lo importante, ¿qué más da que otros hablen de ti?, ¿vas a dejar de vivir la vida que deseas para ti, por lo que otros puedan decir o pensar? Hazlo, y tarde o temprano, te arrepentirás. Porque no estarás viviendo tu verdad, **sino una mentira impuesta por la opinión de otros**. ¿Sabes por qué hablan de ti? Porque ellos ven algo que tú quizá no estés viendo, **el potencial que tienes. La determinación, y lo**

**imparable que puedes llegar a ser.** Te critican porque no quieren que llegues a ser esa persona, de la cual, **tienen miedo**. No les des la razón, y demuéstrales que eres único, y que tu propósito en la vida es, resaltar entre los demás.

## 2. Claridad

Gana claridad en quién eres, en tus valores, y en lo que quieres para tu vida. A más claridad tengas en estos puntos, más fácil te resultará alejarte de la opinión de los demás. Porque ante cualquier comentario o crítica, pensarás: "Yo sé quién soy, conozco mis valores, y lo que quiero para mi vida. Tu opinión no me afecta, ya que yo estoy haciendo lo que es correcto para mi. Estoy viviendo mi verdad, y no las mentiras y falsas expectativas que tú me quieres imponer".
Esta claridad te ayudará a distinguir entre aquello que es importante para tu vida, y aquello que no lo es. Como la opinión de esas personas que no te entienden, que no comprenden tu visión y tus metas, o que simplemente no quieren lo mejor para ti. Por eso, pasarás de ellos.
Ten una opinión sólida y firme, la cual puede que le guste a mucha gente, como también puede que no. Pero no es algo bueno cuando alguien va cambiando de opinión según con la gente que esté. Y, a veces, intentamos amoldarnos a las diferentes personas con nuestro comportamiento y nuestras palabras, para que la gente no opine tanto de nosotros o estar de acuerdo con ellos, aunque no nos parezca. Como si fuéramos un camaleón. Pero te aseguro que es mucho mejor tener una opinión firme y que sepas cómo expresarla. Por eso, al principio, seguramente te será algo complejo, ya que tal vez trates de agradarle a todo el mundo concordando con la opinión de ellos en vez de la tuya. Pero tener opiniones fuertes, y decir lo que realmente quieres expresar, sin que te importe lo que opinen los demás de ti. Te aseguro que es mucho más atractivo e influyente a largo plazo, que si siempre estás amoldándote a lo quieren los demás. Porque te van a ver como alguien inseguro; que su único propósito es buscar atención.

### 3. Céntrate en ti

Céntrate en tu camino. Todo lo demás no es más que ruido. Cuando alguien te critique, cuando alguien menosprecie tu trabajo, cuando alguien se burle de ti por haber intentado algo, simplemente recuerda lo siguiente: Tú estás siguiendo tu camino, tú estás siendo coherente con tu verdad, y todo lo demás que digan sobre ti, no existe. Son simples distracciones que intentan desviarte de ese camino que has elegido seguir. Y del mismo modo que no dejas de hacer algo importante para ti, nunca abandones este camino. Si tu sigues este, pase lo que pase, y haces lo que sabes que tienes que hacer, ¿qué te importa que surjan críticos? Deja que otros hablen. Tú sigue adelante, y verás cómo ese ruido se irá silenciando, porque sabrás que no es más que una simple distracción de tu verdad. Y por ello, poco a poco, irás dejando de prestarle atención. Es mas, la mejor forma de responderle a los críticos, es seguir con tu camino. Sigue adelante sin detenerte. Y, un buen día, tus resultados hablarán por ti. Un día en el que entrarás en una sala llena de personas, y no habrá ninguna necesidad de que te presentes. Ten en mente esta frase: "Tu envidia es mi progreso".

### 4. Entorno

Créate un entorno positivo que te apoye y te ayude a progresar, y a conseguir tus objetivos. El entorno que te rodea tiene un importante efecto en ti y en tus resultados. Por ello, debes ser consciente de cómo es tu entorno, y tratar dentro de lo posible de mejorarlo, para que te ayude a realizar tus metas en la vida. Y no para que te limite y te trate de hundir cada vez que intentas algo nuevo en tu vida. Por ende, empieza a cuidar delicadamente tu entorno. ¿Cómo? Rodeándote de gente que te apoya y te respeta, y alejándote de aquellos solo traen negatividad y críticas a tu vida. Poco a poco, créate un entorno alineado contigo, con tus valores, y con tu camino. Gente que te valore y quieran lo mejor para ti. Y a su vez, cierra la puerta a los que te estén perjudicando con sus críticas, a los que se creen mejores que tú, a los que te juzgan constantemente, y a los que te hacen burla. Aléjate de ellos y aléjalos de tu vida. Porque esta es la gente que no te interesa tener cerca cuando luchas por seguir tu camino y cumplir tus metas.

## 5. Principios

En vez de importarte lo que las otras personas puedan llegar a creer de ti, deberías enfocarte en si vives o no de acuerdo a tus principios. Por ejemplo, si tienes una increíble colección de ositos de peluche, obviamente valoras algo de ellos. Quizás es nostalgia, o quizás es un amor que empezó cuando tu abuela te regaló tu primer oso hace 20 años. De cualquier forma, si valoras tus opiniones, no deberías intentar esconder tu colección sin importar lo que los demás piensen de ti. O quizás hay alguna persona que te gusta, y quieres invitarla a salir. Enfocarte en lo que piensen los demás de ti, te va a impedir avanzar. ¿Qué ocurriría si otras personas se enterasen y se riesen de ti? No importaría. En cambio, ¿qué ocurriría si te enfocas en tus propios principios como ser valiente o ser honesto, aún cuando sea difícil? ¿Invitarías a esa persona a salir? O quizás no, pero, de cualquier forma, vivirás de acuerdo a tus principios, y sin importar lo que los demás digan o hagan, te sentirías orgulloso de ti mismo. El punto es que cuando te concentres en vivir de acuerdo a tus principios o valores, nunca tendrás que sentirte avergonzado por nada. No importa si te caes por la escalera, si te despiden de tu trabajo, si te ganan en una discusión, o si te rechaza una chica o chico que te guste. Ninguna de esas cosas es placentera, pero no necesitas esa doble penalidad de también sentirte avergonzado por esas cosas. Tu esfuerzo por vivir de acuerdo con tus principios es todo lo que debería importarte. Así que, toma las riendas de tu vida, y sigue adelante. Y si hay cosas de ti que te avergüenzan, ya sea tu apariencia, tu altura, tu edad, pues, es imposible controlar esas cosas, y no puedes vivir de acuerdo a un principio que no puedas controlar. Así que, a pesar de que no te guste algo sobre ti, acéptalo y ámalo. Inmediatamente te sentirás aliviado cuando te aceptes tal y como eres. Y no lo digo como una excusa para que dejes de concentrarte en mejorar. Algunas cosas sí valen ese momento de vergüenza porque nos recuerdan a que no estamos viviendo de acuerdo con nuestros principios. Por ejemplo, en el caso de estar fuera de estado, un momento de vergüenza puede servirte para que vuelvas a tener un estilo de vida saludable. O un momento de vergüenza cuando le cuentas a alguien a qué te dedicas, para que te inspire a buscar un trabajo que en verdad te apasione. El punto es que debes tener claros tus principios, vivir de acuerdo a ellos, y dejar que lo que los demás piensen, sea solo un ruido de fondo. Esto no significa que ignores a todo el mundo hasta convertirte en un patán egocéntrico. Pero, por ejemplo, si uno de tus principios es ser amable, y te das cuenta por la reacción de otras personas que no lo estás haciendo, probablemente necesites hacer algunos cambios. Así que, cuando recibas opiniones de otras personas, ten en mente hacer lo correcto para ti, en vez de aquello que deje a todos satisfechos. Define tus propios principios y vive de acuerdo a ellos. Sé siempre tú mismo sin importar quién te esté viendo. Comete errores, deja que te vean, deja que se rían de ti, no tienes por qué tener miedo. Y si tu objetivo es hacer lo correcto, no tienes por qué sentirte mal nunca por lo que haces. Eres libre de cometer tus propios errores y aprender de ellos, hacer tus cosas raras, y hacer todo aquello que no sea muy popular. Siempre con la frente bien en alto.

Pero nada de estos consejos te servirán si no los prácticas o **entrenas**. Antiguamente, para entrenar que te diera igual lo que opinan de ti, pues, quizás debías ir a conferencias, y hablar delante de mucha gente. Y poco a poco, te das cuenta que no pasa nada, y te vuelves más desatado. Sin embargo, actualmente, puedes hacerlo tan fácilmente como con el internet. Todos tenemos internet. Ábrete una cuenta de Instagram, y habla. Di tu opinión. Abre un canal de YouTube, y aborda temas que a ti te interesen o te apasionen. Entra a un grupo de Facebook y háblale al mundo. Es algo que yo práctico durante mucho tiempo. Un claro ejemplo es este libro. Y me ha funcionado. Poco a poco, cada vez que he ido expresándome y expresándome, van apareciendo retroalimentaciones en qué mejorar. Y con el tiempo vas observando cómo es que te expresas, vas cogiendo tablas, y que poco a poco te importe muy poco lo que opinen los demás de ti. A mí me puedes decir lo que quieras, me es indiferente. Me han dicho de todo. Y sé diferenciar cuando me dicen cosas por mejorar de gente que desde un principio me ha apoyado, de los que solo me quieren destruir. Y el hecho de usar las redes sociales, es para que puedas expresarte tranquilamente y para observar que lenguaje utilizas, cómo encontrar tu voz y tu historia. Y notarás con el tiempo que tendrás una mayor confianza y seguridad cada vez más.

Y ya para concluir, recuerda que siempre habrá ruido, siempre habrá críticos, y gente dispuesta a opinar sobre lo que haces o dejas de hacer. Pero tú tienes que ser más fuerte que todos ellos. Deja de preocuparte por lo que otros puedan decir de ti, ya sean extraños de internet, conocidos, compañeros de trabajo, o amigos, e incluso, familiares. Tu sigue adelante con tu camino y tus principios bien marcados a pesar del ruido. Pues, solo así conseguirás colocarte en el verdadero camino al éxito. En otras palabras, solo así conseguirás vivir tu verdad; una vida diseñada y vivida a tu manera, y no a la manera de otros.

# Epílogo

Recapitulemos, en el primer capítulo vimos la gran importancia de siempre mientras hablemos, tengamos un buen **lenguaje corporal**. Especialmente, el contacto visual, ya que suele ser una debilidad de bastantes personas. Sin embargo, con la regla de los tres segundos, podremos mostrarnos seguros y no llegar a incomodar a nadie con una mirada desafiante. Además, por qué al momento de expresarnos, es relevante el mostrar la palma de nuestras manos. Así nos mostramos como **personas honestas**, las cuales no tienen algo que ocultar en secretos para si mismos.

En el segundo capítulo, vimos la importancia de aprender a recibir bromas entre amigos (sin un propósito malicioso). Y así como ellos, tú también puedes bromearles, ya que esto fortalece los lazos de **confianza** entre todos. Sin embargo, a veces tendemos a estar en un circulo de amistades que no son buenas, o más conocidas como **tóxicas**. Aprendimos a diferenciar los verdaderos amigos de los que no lo son. Y a saber qué hacer en el caso estés sufriendo bullying. Que usualmente está asociado solamente con la niñez y adolescencia, pero está presente siempre y a cualquier edad.

En el tercer capítulo, el arte de contar nuestras propias anécdotas vergonzosas. Generalmente, las personas ya las saben, y es preferible que tú lo hagas para que te muestres como una persona **segura** de si misma y que no tiene ningún problema en contarla. Todos hemos tenido momentos vergonzosos, así que no te sientas como el único raro. Más bien, eres el único **líder** de esa conversación y el único capaz de saber manejarla correctamente. También, analizamos cómo es que se relaciona la persona más influyente, y con la que ha conectado más con las personas; haciendo que lloren y cuentes sus problemas personales, o hasta haciéndolas morir de risa, Oprah Winfrey. La gran habilidad que tiene para empatizar con las demás personas.

En el cuarto capítulo, el por qué no debes intentar manipular la opinión de las otras personas. Que no te importe lo que digan los demás, siempre habrá gente que te va a criticar para que no logres tus objetivos. **Tú mantente firme en tu camino**, y así podrás vivir la vida que quieres, y no a la forma que quieren otros. No te moldees a la opinión de los otros, mantén siempre la tuya, porque sino te verán inconscientemente como alguien **inseguro**, que solo quiere la aprobación de un grupo.

Si llegaste hasta este punto, déjame felicitarte porque has dado un muy buen paso en tu búsqueda de **superación personal**. Al poner en práctica todos los consejos dados en estos 4 capítulos, al cabo de un tiempo, te aseguro que serás una persona **irreconocible**. No solo por la seguridad y confianza que transmitirás por fuera a las demás personas, también tu **autoestima**, el cual te permitirá realizar todas las metas que te propongas y sueños, sin que nada te detenga, ya sea que haya gente que te critique o hable de ti. Habrás superado esa sensación, y créeme de corazón, que cuando te caigas en la vida, automáticamente tú te levantarás y seguirás luchando. Y la gente que desde siempre te ha apoyado, estará muy orgullosa de ti. Si no tuviste ese apoyo incondicional desde un principio, tú mismo debes sentirte **orgulloso** por haberte superado. No cualquiera lo hace. No es fácil. Y mucho menos, es algo que se hace de la noche a la mañana.
Pero, **¡lo lograste!** Y eso es lo mejor de todo. Ahora eres un líder, serás alguien quien, muy probablemente, la gente admire. Puede que no te lo digan directamente, pero serás su ejemplo a seguir. Te recordarán por siempre y soñarán ser el tipo de persona que ahora tú eres.

"La vida te pondrá obstáculos, pero los límites, te los pones tú"